AF454107

Caballos

¿Quieres conocernos?

Susana Conde

Equibooks
equibooks@yahoo.com

Primera Edición 2019
Depósito Legal DL P-2-2019

ISBN: 978-84-949876-2-5

Los caballos son
animales de presa

Para protegerse mejor, los
caballos viven en manada

Están siempre
atentos, para detectar
el peligro a tiempo

Cuando tienen miedo,
suben la cabeza,
tensan el cuello
y la boca, y dejan
de pestañear y no
pueden comer

Este es un caballo
asustado.
No lo dice con
palabras, lo dice
con su cuerpo.
Obsérvalo bien

Cuando detectan un peligro,
huyen a toda velocidad

Este es un caballo
asustado.
No lo dice con
palabras, lo dice
con su cuerpo.
Obsérvalo bien

Cuando detectan un peligro,
huyen a toda velocidad

En silencio y usando su cuerpo para comunicarse,
se ponen de acuerdo rápidamente para decidir en
qué dirección deben ir

Los potrillos
pueden
levantarse y
correr con los
mayores, a las
pocas horas de
nacer

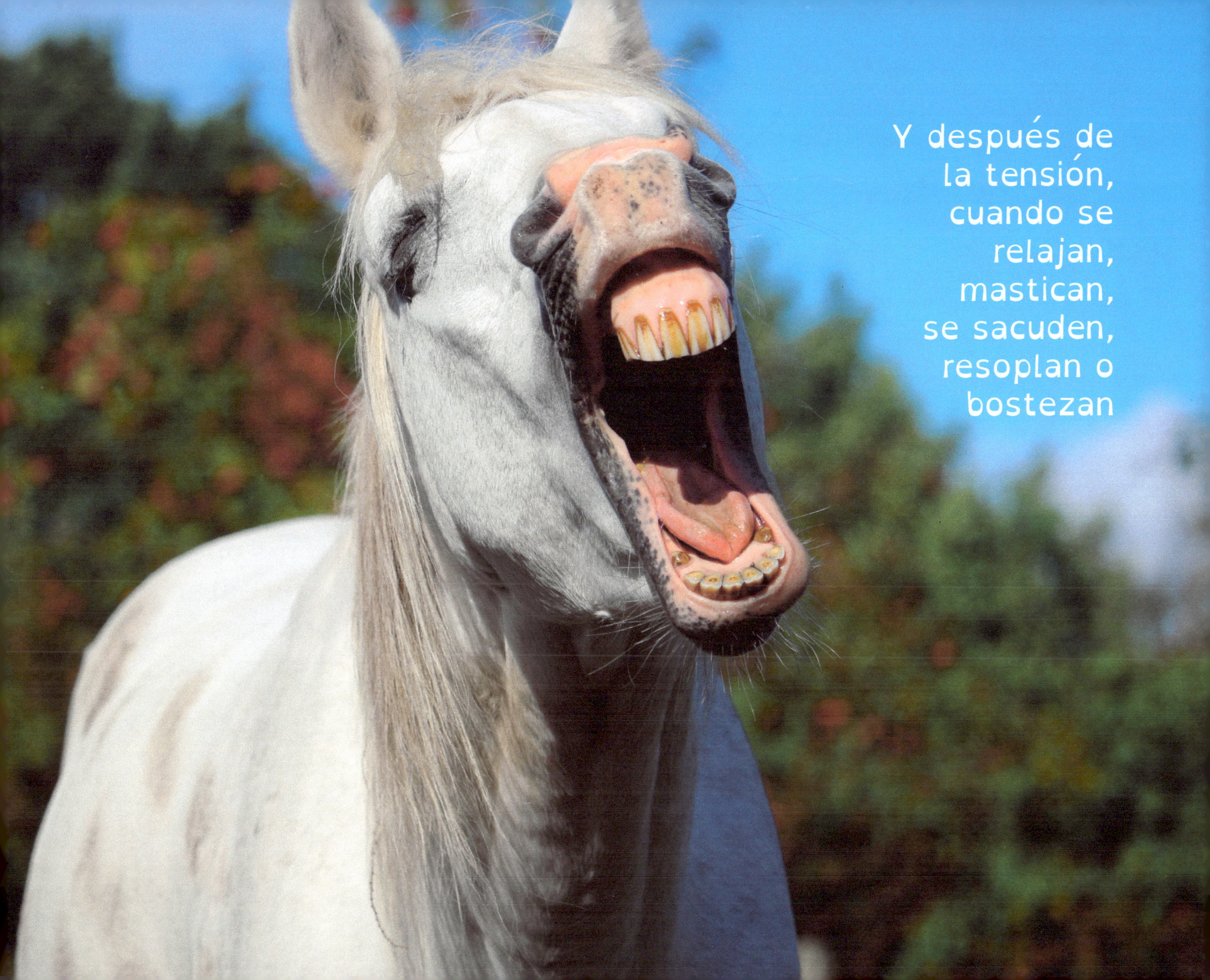

Y después de
la tensión,
cuando se
relajan,
mastican,
se sacuden,
resoplan o
bostezan

Por eso viven
en espacios
abiertos,
porque en
espacios
cerrados
no pueden
detectar los
peligros y salir
huyendo

Tienen los ojos a los lados
de la cabeza, para ver bien
el peligro, venga de donde
venga

Tienen un gran
olfato y lo usan
para conocer
todo lo que les
rodea

Y en conjunto
con estos
bigotillos
táctiles, también
el espacio en la
oscuridad

Su visión es
muy sensible al
movimiento

Tienen un
gran oído y si
observas sus
orejas, sabrás
donde tienen
su atención

Para correr muy
rápido, en vez de
dedos en los pies
tienen cascos

Sus dientes crecen
continuamente para
atenuar el desgaste
de su forma de
alimentación

No temen la lluvia, su pelaje les
aísla del frío y de la humedad

Usan las colas
para espantar
los insectos,
las suyas o las
de los demás

Si se sienten
seguros, son
seres muy
curiosos

Tienen buenos amigos

Se saludan acercando su nariz, para
olisquearse y conocerse

Se comunican con el cuerpo

Y se rascan

Demostrando así su afecto

Los pequeños aprenden
de sus mayores

Mantenerse en movimiento,
es muy importante, recorren
grandes distancias a diario

Les encanta revolcarse, especialmente si se han mojado, para secarse. Pero también para estirar los músculos y como diversión

Pasan casi todo el día pastando, comen poco
pero a menudo, para no tener un estómago
pesado y huir en cualquier momento

Pueden dormir de pie, pero para
descansar bien necesitan tumbarse.
Aunque sólo duermen unas pocas
horas

Aún así nunca bajan la guardia, porque pueden sorprenderles en cualquier momento

En varios idiomas:
- Horses - This is us   ISBN Tapa Dura: 978-84-949876-0-1 ISBN Tapa Blanda: 978-1798205310
- Zaldiak - Ezagutu nahi gaituzu?   ISBN Tapa Blanda: 978-1796273076
- Pferde - So sind wir

Imágenes 1,12 Christel. 3, 22 por B. Iyata. 4,30 J. D. Mers. 5 ,6, 7, 8, 11, 14, 16, 17, 20, 21, 26, 28, 31, 32 C. P Rolls. 10 B. Brandon. 13 C. Candice. 15 I. Castro. 18 Alexandra. 19 A. Tångvik. 23 S. Stars. 24 D. Kudyba. 25 Wellox. 29 M. Langthim. 34 M. Muñoz

La fuente utilizada en los textos fue diseñada por Abelardo González para ayudar a los lectores con algunos síntomas de dislexia